ID# BEI GRIN MACHT SICH IHR WISSEN BEZAHLT

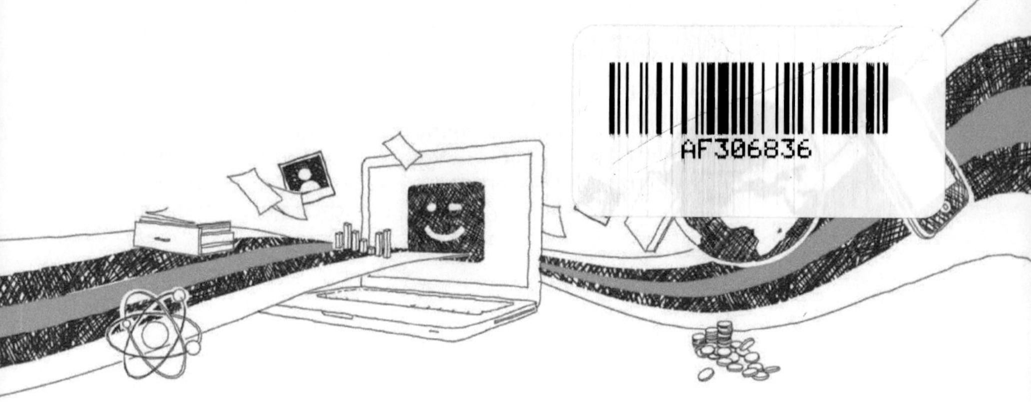

- Wir veröffentlichen Ihre Hausarbeit,
  Bachelor- und Masterarbeit

- Ihr eigenes eBook und Buch -
  weltweit in allen wichtigen Shops

- Verdienen Sie an jedem Verkauf

Jetzt bei www.GRIN.com hochladen
und kostenlos publizieren

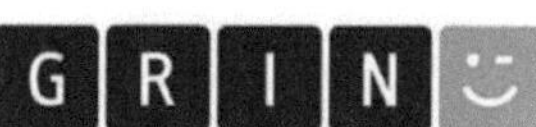

Bibliografische Information der Deutschen Nationalbibliothek:

Die Deutsche Bibliothek verzeichnet diese Publikation in der Deutschen National-
bibliografie; detaillierte bibliografische Daten sind im Internet über http://dnb.d-
nb.de/ abrufbar.

Dieses Werk sowie alle darin enthaltenen einzelnen Beiträge und Abbildungen
sind urheberrechtlich geschützt. Jede Verwertung, die nicht ausdrücklich vom
Urheberrechtsschutz zugelassen ist, bedarf der vorherigen Zustimmung des Verla-
ges. Das gilt insbesondere für Vervielfältigungen, Bearbeitungen, Übersetzungen,
Mikroverfilmungen, Auswertungen durch Datenbanken und für die Einspeicherung
und Verarbeitung in elektronische Systeme. Alle Rechte, auch die des auszugsweisen
Nachdrucks, der fotomechanischen Wiedergabe (einschließlich Mikrokopie) sowie
der Auswertung durch Datenbanken oder ähnliche Einrichtungen, vorbehalten.

Impressum:

Copyright © 2017 GRIN Verlag
Druck und Bindung: Books on Demand GmbH, Norderstedt Germany
ISBN: 9783668650411

Dieses Buch bei GRIN:

https://www.grin.com/document/413587

Laura Matschofsky

Musikalische Früherziehung und ihre Auswirkungen auf die sozialen Kompetenzen von Kindern

GRIN Verlag

GRIN - Your knowledge has value

Der GRIN Verlag publiziert seit 1998 wissenschaftliche Arbeiten von Studenten, Hochschullehrern und anderen Akademikern als eBook und gedrucktes Buch. Die Verlagswebsite www.grin.com ist die ideale Plattform zur Veröffentlichung von Hausarbeiten, Abschlussarbeiten, wissenschaftlichen Aufsätzen, Dissertationen und Fachbüchern.

Besuchen Sie uns im Internet:

http://www.grin.com/

http://www.facebook.com/grincom

http://www.twitter.com/grin_com

Musikalische Früherziehung und ihre Auswirkungen auf die sozialen Kompetenzen von Kindern

vorgelegt von
Laura Matschofsky

Inhaltsverzeichnis

1. Einleitung

„So ist also die Erziehung durch Musik darum die vorzüglichste, weil Rhythmus und Harmonie am tiefsten ins Innere der Seele eindringen und ihr Anstand und Anmut verleihen."[1]

Dies stellte Sokrates bereits vor über 2400 Jahren fest. Auch in der heutigen Zeit ist Musik immer noch wichtig und kann großen Einfluss auf die menschliche Entwicklung nehmen. Es ist den meisten Menschen bereits bewusst, dass Musik, auch schon in frühen Jahren, eine positive Auswirkung auf das Verhalten haben kann. Kinder werden in Musikschulen betreut, musizieren zu Hause mit den Eltern oder haben Musikunterricht in der Schule. All diese Dinge und noch weitere werden unter dem Begriff der musikalischen Früherziehung zusammengefasst. Die Eltern betreiben diesen Aufwand, da die musikalische Früherziehung positive Auswirkungen auf die Intelligenz und sozialen Kompetenzen ihrer Kinder hat. Das Erlernen eines Instrumentes, das Zusammenspielen mit anderen in einem Orchester oder das banale Nachsingen einfacher Kinderlieder fordert und fördert die Kinder in ihrer Entwicklung. Es stellt sich die Frage, in welcher Weise die musikalische Früherziehung Auswirkungen auf die Kommunikation, die empathischen Fähigkeiten sowie die Werte Respekt und Anerkennung der Kinder hat. Um dies zu beantworten, wird im ersten Kapitel die Verarbeitung von Musik im Gehirn beschrieben und analysiert. Das Zusammenspiel zwischen Musik und Gehirn und die Auswirkungen der Musik auf neurowissenschaftlicher Ebene werden zusammengefasst. Damit die Grundlagen, auf die sich diese Arbeit stützt, deutlich werden, wird im weiteren Verlauf der Begriff der musikalischen Früherziehung definiert und deren Umsetzung dargestellt. Im dritten Kapitel wird der Schwerpunkt auf die Verbesserung der sozialen Kompetenzen der Kinder mit musikalischer Früherziehung gelegt. Drei Themengebiete werden hierfür beleuchtet. Dazu zählen die Kompetenzen Wertschätzung und Respekt gegenüber anderen, Kommunikation und Empathie. Die positive Wirkung der Musik auf die Intelligenz der Kinder findet in dieser Arbeit keine Berücksichtigung, da diese Analyse über den vorgegebenen Rahmen hinausgehen würde. Nachdem die Auswirkungen der musikalischen Früherziehung dargestellt wurden, werden die Analyseergebnisse noch mit einer kleinen, eigenen Umfrage an einer Grundschule in Verbindung gesetzt. All die Ergebnisse münden dann in einer Erklärung, inwieweit ‚Musik der Seele Anmut verleiht', die Kinder von der Musik und dem Musizieren profitieren. Es ist wichtig, die positiven Auswirkungen der musikalischen Früherziehung zu kennen, da es immer mehr Diskussionen

---

[1] Sokrates, zit. in Bastian, H. G. 2007, S. 24.

darüber gibt, ob Musikschulen und der Musikunterricht an Schulen noch sinnvoll sind oder abgeschafft werden sollten. „Musizieren in den Schulen ist keine Ausgabe, sondern eine Investition"[2] und genau aus diesem Grund sollte jeder wissen, was für eine große Investition Musizieren und Musik sein kann.

2. Hauptteil

2.1 Musik und Gehirn - Verarbeitung und Auswirkungen

Um die Verarbeitung und Auswirkungen der Musik im Gehirn des Menschen verstehen zu können, muss zuerst der Aufbau des Gehirns im Groben verständlich werden. Das Gehirn wird von der Wissenschaft in zwei Hälften unterteilt. Diese Gehirnhälften (Hirnhemisphären) sind keine Duplikate sondern verschieden in ihrem Aufbau und auch ihrer Funktion. Grob betrachtet lässt sich sagen, dass die linke Hirnhemisphäre eher für die Sprache und die rechte Hemisphäre eher für die Musik zuständig ist.[3] Im Detail wird jedoch deutlich, dass so eine Verallgemeinerung nicht vollkommen ausreichend ist, was im weiteren Verlauf dieses Kapitels deutlich wird.

Das Gehirn gehört mit dem Rückenmark zum zentralen Nervensystem, das für die Aufnahme und Verarbeitung innerer und äußerer Reize und die Durchführung und Koordination (un)bewusster Aktionen verantwortlich ist.[4] Die verschiedenen Bestandteile des Gehirnes werden nicht nur in eine rechte und linke Hälfte unterteilt, sondern erhalten von vorne nach hinten die verschiedenen Bezeichnungen: Großhirn (Vorderhirn), Zwischenhirn, Mittelhirn, Hinterhirn (Kleinhirn) und Nachhirn. Das Nachhirn ist mit dem Rückenmark verbunden und steuert somit lebenswichtige Reflexe. Das Hinterhirn ist zuständig für die Orientierung, die Koordination einzelner Muskelreflexe und das Gleichgewicht. Ein Bestandteil des Hinterhirnes ist das Kleinhirn, welches eine wichtige Rolle bei der Verarbeitung von Musik spielt. Für die willkürliche Motorik ist das Mittelhirn verantwortlich. Das Zwischenhirn und mit ihm der Thalamus übernehmen eine große Rolle bei der Musikverarbeitung und entscheiden, welche Reize und Empfindungen unser Gehirn erreichen sollen. Zuletzt sind noch die Aufgaben des Großhirns zu erläutern. Das Großhirn ist durch Fortsätze von Nervenzellen mit anderen Teilen des Gehirns verbunden und kann auf Grund seiner vielfältigen Aufgabenbereiche in

---

2 Mortier, G., zit. in Bastian, H. G. 2007, S. 69.

3 vgl. Jäncke, L. 2008, S. 295.

4 vgl. Richter, T. 2012, S. 13.

nummerierte Rindenfelder unterteilt werden.[5] Die Felder sind in zwei Aufgabenbereiche zu unterteilen, die motorischen und sensiblen. Die für diese Arbeit relevanten Felder sind das Areal 41 (primäres Hörzentrum), Areal 42 (sekundäres Hörzentrum), die Areale 44/45 (Sprachzentrum) des motorischen Feldes und das Areal 22 (Sprachverstehen) des sensiblen Feldes. An dieser komplexen Darstellung wird schnell deutlich, dass es nicht das eine Musikzentrum gibt. Alles was mit Musik zu tun hat, kann und wird, über das gesamte Gehirn verteilt, verarbeitet.[6] Beide Gehirnhälften sind an dieser Verarbeitung beteiligt und übernehmen verschiedene Aufgaben. So werden die Tonhöhe, der Klang und die Melodie eher rechts- und der Rhythmus eher linksseitig verarbeitet.[7] Je mehr sich jemand mit Musik beschäftigt, desto stärker verteilen sich die Aufgaben über beide Hemisphären und desto mehr Gebiete sind an der Verarbeitung beteiligt. Da nicht nur die bereits oben genannten Regionen beansprucht werden, sondern neben dem Hörsinn auch der Sehsinn, Tastsinn und die Feinmotorik gebraucht werden, muss das gesamte Gehirn zusammen agieren, als Team. Dies wird deutlich, wenn man das Gehirn eines aktiv Musizierenden analysiert. Hierbei ist mehr als die Hälfte des Gehirns aktiv und beansprucht.[8]

Wenn jemand nun Musik hört, kann diese innerhalb weniger Millisekunden verarbeitet werden. Man spricht von einer *Bottom-Up-Analyse*, in der verschiedene Serien-Parallel-Wandlungen[9] enthalten sind. Kurz nachdem ein Ton im Gehirn ankommt, wird dieser auf der ersten Ebene analysiert. Hier werden akustische Muster analysiert. Auf der nächsten Ebene werden erste Melodien erschlossen und in einem ersten Speicher untergebracht. Tonintervalle, Klänge und komplexe Melodien werden wenige Millisekunden später auf der dritten Ebene analysiert. Auf der vierten und letzten Ebene werden der Rhythmus, die Harmonie und die Klangfarbe analysiert. Nur 200-300 Millisekunden nach dem ersten Hören, werden die Töne dann semantisch und emotional verarbeitet.[10]

Wenn man ein Lied hört, welches man vor einigen Jahren gehört hat, kann man in die damalige Gefühlslage versetzt werden, da die Schallwellen im akustischen Erinnerungszentrum

---

[5] vgl. Richter, T. 2012, S. 17.

[6] vgl. Richter, T. 2012, S. 18.

[7] siehe Anhang D Abb. 1 und Abb. 2.

[8] vgl. Jäncke, L. 2008, S. 282.

[9] Eine Serien-Parallel-Wandlung ist ein Prozess, bei dem viele, fast gleichzeitig eintreffende Ereignisse zu einem großen Ereignis zusammengefasst werden (siehe dazu Jäncke, L. 2008, S. 279).

[10] vgl. Jäncke, L. 2008, S. 281.

mit früherem Gehörten verglichen werden. Musikhören und Musizieren schüttet Endorphine aus, wodurch es einem leicht fällt, mit einem Stück immer wieder die gleichen Gefühle zu erzeugen. Musik berührt das Gehirn und damit den Menschen nicht nur emotional, sondern ist in der Lage, den Beteiligten zu fördern und zu fordern. Das Hören eines Konzertes oder das eigene Musizieren sind ein stetiger Lernprozess für unser Gehirn, was zu immer neuen Verknüpfungen einzelner Hirnregionen führt.[11]

> „Es ist eigenartig, aber aus neurowissenschaftlicher Sicht spricht alles dafür, dass die nutzloseste Leistung, zu der Menschen befähigt sind – und das ist unzweifelhaft das unbekümmerte, absichtslose Singen – den größten Nutzeffekt für die Entwicklung von Kindergehirnen hat."[12]

Durch das Knüpfen neuer Verbindungen schon im frühen Alter, werden den Kindern komplexe Denkstrukturen vermittelt und ein vielschichtiges System von Zusammenhängen entsteht.

2.2 Definition der musikalischen Früherziehung

Musikalische Früherziehung ist eine Art von Erziehung, die zwischen dem ersten und sechsten Lebensjahr der Kinder stattfindet. Der Zeitraum ist in drei verschiedene Stufen unterteilbar. In den ersten 18 Lebensmonaten sind die Eltern verantwortlich für die musikalische Früherziehung. Es liegt an ihnen, den Kindern beispielsweise etwas vorzusingen oder mit ihnen spielerisch Töne zu erzeugen, Musik zu machen, wodurch eine erste Beziehung zur Musik aufgebaut werden kann. Bis zum Ende des vierten Lebensjahres ist es wichtig, den Kindern durch Tanz, Lieder und Bewegungsspiele zu Hause die Musik näher zu bringen. Hierdurch können sie ein besseres Bewusstsein ihres Körpers erlangen und durch Ausprobieren ihre Stimme kennenlernen. Das Lernen in diesen beiden Phasen ist oft eine Art von Imitation, bei der die Eltern oder andere Personen nachgeahmt werden. Ab dem fünften Lebensjahr gibt es Angebote, bei denen die Kinder Kurse in Musikschulen besuchen können, in denen die eigentliche musikalische Früherziehung beginnt.[13] In diesen Kursen lernen die Kinder verschiedene Instrumente und den Umgang mit ihnen kennen, sie lernen das Lesen von Noten und durch das Hören von Musik und Tönen lernen sie anderen zuzuhören und sich zu konzentrieren. Außerdem gibt es viele Improvisationsübungen sowie Tanz- und Bewegungsspiele. Auf diese Weise lernt das Gehirn mit der Zeit, die Bewegungen intuitiv

---

[11] vgl. Altenmüller, E. 2013, https://www.tk.de/tk/musik-und-gesundheit/lesereihe-musik/eckart-altenmueller/491544.

[12] Hüther, G., zit. in N.N 2015, http://www.br.de/themen/wissen/musik-forschung-hirnforschung-100.html.

[13] vgl. Reinschmidt, M. 2010, http://www.allein-erziehend.net/ratgeber/musikalische-frueherziehung.html.

durchzuführen und nicht bloß zu imitieren wie zuvor. Ein weiterer wichtiger Aspekt der musikalischen Früherziehung ist die Sensibilisierung des Gehörs (die Gehörbildung) durch das Unterscheiden von hohen und tiefen, lauten und leisen oder sauberen und unsauberen Tönen und Intervallen. Das Singen von Kinderliedern wird in diesen Kursen gefördert, da selbst durch einfache Lieder bereits das Zusammenspiel von Text und Musik deutlich wird, welches das Gehirn fördert und fordert.[14] Nach den Kursen bis zum Ende des sechsten Lebensjahres ist die eigentliche musikalische Früherziehung beendet. Durch den Musikunterricht in Schulen, in denen die Kinder weiter mit Musik in Kontakt bleiben, kann die musikalische Früherziehung vertieft werden. In vielen Schulen wird der Musikunterricht dennoch vernachlässigt, obwohl die positiven Auswirkungen bekannt sind.

Musikalische Früherziehung muss nicht zwingend in den Kursangeboten einer Musikschule stattfinden. Das Singen oder Zuhören von Liedern zum Beispiel in einem Chor, das Erlernen und Spielen eines Instrumentes zum Beispiel in einem Orchester oder das Tanzen zur Musik in einer Gruppe wird auch zur musikalischen Früherziehung gezählt und hat ebenso positive Auswirkungen auf die Entwicklung der Kinder.[15]

In Deutschland zählen der Keyboard-Hersteller Yamaha und der Komponist und Pädagoge Carl Orff zu den Entwicklern der musikalischen Früherziehung. Yamaha lehrte in seinen Kursen besonders das Spielen auf dem Klavier durch das ‚learning by doing' Prinzip.[16]

Bei Carl Orff steht der kreative Umgang mit den Elementen Sprache, Musik und Bewegung im Vordergrund. Für dieses Konzept ist bewegungs- und rhythmisch-orientiertes Arbeiten wichtig. Im Orff-Schulwerk ist die elementare Tanz- und Musikpädagogik zusammengefasst, welches heute als Grundlage vieler neuer Konzepte dient.[17]

2.3 Auswirkung auf kindliche Entwicklungsbereiche

2.3.1 Wertschätzung/Respekt

Musik wird oft als Kontaktmedium genutzt, da sie „die sozialste aller Künste ist"[18]. Menschen, die gemeinsam musizieren, öffnen sich gegenüber anderen und es entsteht eine Gemeinschaft. Die Gruppe wächst durch die gemeinsamen Aktivitäten zusammen und die

---

[14] vgl. Dreyer, S. N.N., http://www.bildungsxperten.net/wissen/was-ist-musikalische-frueherziehung/.

[15] vgl. Syfuß, E. 2010, S. 204.

[16] vgl. Dreyer, S. N.N., http://www.bildungsxperten.net/wissen/was-ist-musikalische-frueherziehung/.

[17] vgl. Carl-Orff Stiftung 2011, http://www.orff.de/orff-schulwerk.html.

[18] Bastian, H. G. 2007, S. 33.

Konflikte und Abgrenzung gegenüber anderen werden innerhalb der Gruppe gemildert.[19] Den Kindern wird schnell deutlich, dass eine Gruppe (zum Beispiel ein Orchester oder ein Chor) nur mit anderen zusammen funktionieren kann. Sie lernen die anderen Mitglieder zu schätzen, da ohne sie das Projekt nicht funktionieren könnte. Im Gegensatz zum Sport hilft das gemeinsame Musizieren den Kindern, um ein Vielfaches mehr aufeinander zu achten und die anderen zu respektieren.[20]

Diese Wertschätzung innerhalb der Gruppe wird deutlich gestärkt, da die Kinder keine individuellen Leistungen sondern ein Ergebnis als Gruppe präsentieren. Die Gruppenleistung ist wichtiger als die Einzelleistung, weswegen die Kinder Verantwortung übernehmen müssen und die Leistung der anderen Mitglieder mehr zu schätzen lernen. Die Kinder werden von anderen respektiert und akzeptiert. Für dieses Phänomen gibt es verschiedene Beispiele.

> „Ein ausländischer Junge kam als Seiteneinsteiger in der 5. Klasse an die Schule. Er zählte aufgrund seiner kräftigen Erscheinung zu den Furcht einflößenden Kindern. Nach Einschätzung der Lehrer hatte er alle Voraussetzungen, aggressiv zu werden. Noch bevor er sich in der deutschen Sprache verständigen konnte, spielte er im Orchester Altflöte. Auf diese Weise fühlte er sich von den Mitschülern angenommen und in gewisser Art verstanden."[21]

Dieses Beispiel zeigt, wie gut Kinder durch Musik angenommen werden und wie sie sich Respekt allein durch das Spielen eines Instrumentes verschaffen können.

Der Musikpädagoge Hans Günther Bastian führte von 1992 bis 1998 eine sechsjährige Langzeitstudie an sieben verschiedenen Berliner Grundschulen durch, um die Auswirkungen einer erweiterten Musikerziehung zu ergründen.[22] Bei dieser Studie kam es zu hocherfreulichen Ergebnissen. Die Ablehnung und Ausgrenzung von Kindern mit musikalischer Früherziehung (Modellgruppe) ist wesentlich geringer als bei denen, die nicht in der musikbetonten Klasse (Kontrollgruppe) unterrichtet wurden. Diese Kinder haben mehr Respekt und tolerieren die anderen stärker. Dies wird besonders deutlich, da Schüler aus der Modellgruppe oft (immer mehr als die Hälfte, zwischen 66% und 76%) keine einzige negative Stimme (Negativwahl) bekamen, im Kontrast zu der Kontrollgruppe, in der nur wenige Schüler keine Negativwahl bekamen (zwischen 33% und 53%). Außerdem bekamen Kinder aus der Modellgruppe in den Umfragen mehr Positivwahlen, die fast gleichmäßig auf die Schüler verteilt waren. Es gab nur 8%, die keine Positivwahl bekamen. Im Gegensatz dazu waren die Posi-

---

[19] vgl. Dröger, C. 2014, http://www.zeit.de/2014/26/musik-intelligenz-kreativitaet.

[20] vgl. Richter, T. 2012, S. 111/ 115.

[21] Mailard-Städter, A., zit. in Bastian, H. G. 2007, S. 61.

[22] Die Durchführung und Umsetzung der Studie ist Anhang A und B zu entnehmen.

tivwahlen der Kinder aus der Kontrollgruppe ziemlich ungleich verteilt. Es gibt in diesen Klassen einzelne Schüler, die viele positive Stimmen bekamen, da diese Schüler die ganze Aufmerksamkeit auf sich zogen.

Man kann aus diesen Ergebnissen schließen, dass das gemeinsame Musizieren das Ablehnungsverhalten der Kinder deutlich verringert und das Miteinander verstärkt. Außerdem ist das Sympathieklima in solchen Gruppen höher und dadurch das Sozialverhalten der Kinder positiver. Die Kinder fühlen sich sozial und emotional besser in die Schulklasse integriert, wenn sie musikalische Früherziehung erhielten.[23]

Die Kinder erfahren in der Schule oder in Musikgruppen, wie es ist, von anderen respektiert zu werden und andere zu respektieren und übertragen diese Erkenntnis auf andere Situationen in ihrem Alltag.

2.3.2 Kommunikation

Jugendliche nutzen Musik oft als nonverbale Kommunikationsform. Sie können sich und ihre Gefühle ausdrücken und von anderen verstanden werden, wodurch Musik immer mehr zum zentralen Übermittler von Kommunikation wird und dadurch Sprache ablöst. Musik ist eine neue Form des Miteinanders und kann ebenso wie Sprache Kontakte entstehen lassen.[24] Nicht nur bei Jugendlichen kann Musik als nonverbale Kommunikationsform genutzt werden, sondern beispielsweise auch bei der Kommunikation zwischen einer Mutter und ihrem Kind. Die Mutter muss nicht unbedingt mit ihrem Baby sprechen, um es zu beruhigen, zu unterhalten oder zum Schlafen zu bringen, sie kann durch Gesang oder leises Summen das gleiche Ergebnis erzielen.[25]

Die Sprache und damit die Kommunikation von Kindern kann durch Musik auf verschiedenen Ebenen verbessert werden.

Lieder verbinden Sprache mit Musik, wodurch beide Gehirnhälften bei der Analyse und der Verarbeitung beansprucht sind. Die Analyse von Musik und von Sprache fordert ähnliche Module im Gehirn des Menschen. Dieser Zusammenhang wird deutlich, wenn man die Verarbeitung der Klangfarben vergleicht. Es sind die gleichen Areale im rechten Hörkortex, die die Klangfarbe der Musik analysieren, wie die, die für die Analyse der Klangfarbe einer men-

---

[23] vgl. Bastian, H. G. 2014, S. 52-58.

[24] vgl. Bastian, H. G. 2014, S. 48.

[25] vgl. Jäncke, L. 2008, S. 238-239.

schlichen Stimme verantwortlich sind. Kindern, die musikalisch erzogen wurden und dadurch leicht die Klangfarbe eines Liedes erkennen können, fällt es leichter, die Klangfarbe der Stimme des Partners zu analysieren.[26]

Durch Musikerfahrung fällt es dem Menschen einfacher, akustische Sprachinformationen zu verarbeiten. Bereits auf unteren Verarbeitungsstufen können Musiker ohne Mühe das Gesagte analysieren und dadurch den Gesprächspartner leichter verstehen.

Nicht nur die Verarbeitung fällt den Kindern einfacher, wenn sie mit Musik aufgewachsen sind, auch die Wahrnehmung prosodischer Sprachmerkmale (Akzente, Intonation, Sprechrhythmus, Sprechtempo und Lautstärkeänderungen) wird verbessert. Morelli Besson und Daniele Schön haben durch verschiedene Untersuchungen diese positiven Auswirkungen der musikalischen Früherziehung auf die Kommunikation belegen können. Da die prosodischen Merkmale stärker wahrgenommen werden, fällt es den Kindern leichter, die Emotionen aus den Aussagen herauszuhören. Die unterschiedliche Betonung eines Wortes kann den Sinn eines ganzen Satzes verändern und leicht missverständlich machen. Da die Kinder gelernt haben, auf solche kleinen Veränderungen zu achten, fällt es ihnen leichter, Missverständnisse zu vermeiden. Außerdem erleichtert die musikalische Früherziehung den Kindern, komplexe, lange Sätze zu verstehen und aus ihnen das Wichtigste herauszufiltern. Durch die Gehörbildung während der musikalischen Früherziehung werden Haupt- und Nebensatz leichter als Ganzes erkannt und der Sinn des ganzen Satzes verstanden. Außerdem können die Satzakzente, die dem Kind helfen, das Wichtigste aus dem Satz zu filtern, besser erkannt werden.[27]

Die trainierten prosodischen Merkmale helfen den Kindern, die Sprache zu verinnerlichen und für sie ein Gefühl zu entwickeln. Beispielsweise kann das Versmaß in einem Gedicht einfacher erkannt werden, da es zur Bestimmung ähnliche Bereiche braucht, wie zur Bestimmung des Rhythmus und der Melodie eines Liedes.

2.3.3. Empathie

Musik ist in der Lage, uns in eine bestimmte Stimmung zu versetzten, sie kann Emotionen bei uns auslösen und auch eine spezielle Atmosphäre in einer Gruppe kreieren. Musik, Tanz und Gesang (die drei Bestandteile der musikalischen Früherziehung) können als Mittel genutzt werden, um die Kinder einer Gruppe in die gleiche emotionale Stimmung zu verset-

---

[26] vgl. Jäncke, L. 2008, S. 360.

[27] vgl. Jäncke, L. 2008, S. 362-365.

zen, sie zu synchronisieren. In so einer Situation fällt es den Kindern leichter, die Emotionen der anderen nachzuvollziehen. Die Kinder lernen, wie man sich in bestimmten Situationen fühlt und können dieses Gefühl schnell wieder abrufen, wenn sie versuchen sich in jemanden hineinzuversetzen. Der sogenannte ‚Play-it-again-Sam' Effekt ermöglicht den Kindern durch nur eine Melodie, die Emotionen zurückzurufen, die sie zu einem früheren Zeitpunkt gefühlt haben. Sie können die damaligen Emotionen besser mit anderen teilen und auf die Situation anwenden.[28] Die Empathie der Kinder steigt stetig mit dem weiteren Musizieren. Diese Erkenntnis belegte eine Studie des kanadischen Psychologen Glenn Schellenberg. Im Vergleich zum Kunstunterricht fördert der gemeinsame Musikunterricht die empathischen Fähigkeiten der Kinder wesentlich mehr und der Unterricht hat besonders positiven Einfluss auf die Kinder, die zuvor am wenigsten Mitgefühl zeigten.[29]

Beim gemeinsamen Musizieren wird den Kindern vermittelt, dass man alleine nicht alles schaffen kann und nur wenn man genau hinhört ein perfektes Ergebnis erzielen kann. Zum Beispiel muss ein Kind, das im Orchester spielt, genau auf seinen Nachbarn hören und auf den Dirigenten achten, damit es einheitlich mit den Anderen spielt und nicht aus dem Takt gerät. Durch dieses ‚Aufeinander-Hören' wird die Wahrnehmung anderer geschult. Wie bereits im letzten Kapitel erwähnt, fällt es den Kindern, die mit Musik in Kontakt sind, leichter, die Stimmung einer Person an dem Stimmklang zu erkennen. Um die Stimme überhaupt analysieren zu können, ist es notwendig, dass das Kind genau hinhört. Diese Fähigkeit lernen die Kinder in der musikalischen Früherziehung und wenn sie diese in ihrem Alltag anwenden, ist es für sie einfach, die Emotionen des anderen zu erkennen und zu verstehen. [30]

2.4 Bezug zur eigenen Umfrage an der Grundschule R.

In der Klasse 4A der Grundschule R. führte ich eine Umfrage zum Thema dieser Facharbeit durch.[31] Da ich diese Umfrage anonym (nur mit Angabe des Geschlechts) durch-führen musste, weil ich nicht das Einverständnis aller Eltern erhalten habe, ist dieses Ergeb-nis in manchen Punkten oberflächlich zu sehen. Erstaunlich ist trotzdem, dass alle 19 Kinder in ihrem Leben mit Musik in Kontakt gekommen sind und dadurch jeder mindestens zwei

---

[28] vgl. Altenmüller, E. 2013, https://www.tk.de/tk/musik-und-gesundheit/lesereihe-musik/eckart-altenmueller/491544.

[29] vgl. Dröger, C. 2014, http://www.zeit.de/2014/26/musik-intelligenz-kreativitaet.

[30] vgl. Butt, S. 2016, http://www.planet-wissen.de/kultur/musik/macht_der_musik/.

[31] den Fragebogen der Umfrage können sie Anhang D entnehmen.

Punkte der musikalischen Früherziehung erfüllt hat. Die Grundschule R. erteilt in jedem Grundschuljahr zwei Stunden die Woche Musikunterricht und bietet verschiedene Musikarbeitsgemeinschaften am Nachmittag an. Außerdem gibt es eine Musikschule in R., die 20% der Kinder zusätzlich besuchten. 79% der Kinder haben früher Kinderlieder gehört oder gesungen und dazu getanzt, wodurch sie in der Lage sind, Kinderlieder auswendig vorzusingen und auch neue, unbekannte, einfache Melodien nachzusingen. Erstaunliche 73% lernen ein Instrument oder haben angefangen eins zu lernen.

Durch diese hohe Beteiligung der Kinder an der Musik und dem Musizieren ist es nicht erstaunlich, wie positiv der zweite Teil der Umfrage ausgefallen ist. Jeder Schüler aus der Klasse hat mindestens vier Positivwahlen erhalten. Es lässt sich hieraus schließen, dass alle Kinder in der Klasse integriert und akzeptiert sind. Die Mädchen sind in der Klasse dennoch ein bisschen ‚beliebter' (63% der Mädchen haben mehr als acht Positivwahlen bekommen), was aber auch durch die generelle weibliche Mehrheit in dieser Klasse erklärt werden kann.

In der 4A haben nur 30% der Schüler mehr als fünf Negativwahlen erhalten. Es lässt sich erkennen, dass das Ablehnungsverhalten der Kinder gering ist. Kein Schüler hat mehr Namen bei der Negativwahl genannt als bei der Positivwahl.

Abschließend kann man bereits an dieser kleinen Umfrage sehen, dass musikalische Früherziehung, auch wenn sie nur im Musikunterricht in der Schule oder durch das banale Nachsingen von Liedern stattfindet, das Klima in einer Klasse deutlich verbessert. Die Kinder wachsen zu einer Gemeinschaft zusammen, in der es keine Außenseiter gibt. Die Schüler sind tolerant gegenüber ihren Mitschülern oder auch neuen Schülern und lehnen niemanden von Beginn an ab. Dieses Verhalten hat die Lehrerin bestätigt.

3. Fazit

Nach diesen Ergebnissen ist es schlüssig, warum die Musik ‚der Seele Anstand und Anmut verleiht'. Musik ist eine Kunst, mit der man einen großen Einfluss auf die Entwicklung der Kinder nehmen kann. Musikalische Früherziehung führt zu immer neuen Verknüpfungen im Gehirn, welche es dem Kind ermöglichen, komplexe Denkstrukturen aufzubauen. Aber auch zwischenmenschlich fördert und fordert Musik die Kinder, wie man bereits in der kleinen Umfrage erkennen kann. Sie lernen und erfahren, wie man sich in einer Gruppe verhält und wie man mit den Mitgliedern umgeht. Es wird ihnen vermittelt, dass sie nicht nur auf sich alleine, sondern auch auf die anderen Mitglieder der Gruppe achten müssen, um gemeinsam zu einem guten Ergebnis zu kommen. Außerdem lernen Kinder durch die musikalische Früherziehung nicht nur, wie man andere respektiert, sondern sie erfahren wie es ist, wenn man selber respektiert wird.

‚Der Seele wird Anmut verliehen', indem die Kinder, die bereits in frühen Jahren mit Musik in Kontakt gekommen sind, in der Lage sind, vernünftig zu kommunizieren. Es fällt ihnen leicht, auch komplexe Sätze zu verstehen, zwischen verschiedenen Betonungen einzelner Worte zu unterscheiden und das Wichtigste aus einer Unterhaltung herauszufiltern. Außerdem ist es für die Kinder kein Problem, Emotionen aus Aussagen herauszulesen, da sie durch die Gehörbildung trainiert sind, bereits kleinste Änderungen in der Klangfarbe der Stimme wahrzunehmen. Zuletzt ist noch anzumerken, wie leicht es den Kindern fällt, sich in andere hineinzuversetzen. Dies ist möglich, da sie die Gemütsänderung des Anderen wahrnehmen und somit darauf reagieren können. Des Weitern können sie durch die Musik bestimmte Emotionen besser nachvollziehen oder sogar rekonstruieren.

Auf Grund dieser Resultate kann man sagen, dass die musikalische Früherziehung eine Investition ist, die sich im gesamten späteren Leben bezahlt macht, da die Kinder von ihr in verschiedenster Weise profitieren. Genau aus diesem Grund sollte man die musikalische Früherziehung mehr fördern und ihr mehr Zeit und Aufmerksamkeit schenken und nicht vernachlässigen. Man sollte nicht die Musikschulen schließen oder den Musikunterricht an Schulen kürzen, da die Kinder sonst keine oder unzureichende musikalische Früherziehung erfahren und somit nicht von ihren positiven Auswirkungen profitieren können.

4. Literaturverzeichnis

Bastian, H. G. ([4]2007): *Kinder optimal fördern - mit Musik: Intelligenz, Sozialverhalten und gute Schulleistung durch Musikerziehung.* Mainz: Schott.

Draper, T. W./ Perry, I./ Perry, J. C. (1987): *Music and child development.* New York; Berlin; Heidelberg; London; Paris; Tokyo: Springer.

Jäncke, L. (2008): *Macht Musik schlau?: neue Erkenntnisse aus den Neurowissenschaften und der kognitiven Psychologie.* Bern: Huber.

Maier-Karius, J. (2010): *Beziehung zwischen musikalischer und kognitiver Entwicklung im Vor- und Grundschulalter.* Berlin: LIT-Verlag.

Richter, T. (2012): *Warum man im Auto nicht Wagner hören sollte: Musik und Gehirn.* Stuttgart: Reclam.

Syfuß, E. (2010): *Relation und Resonanz : die Bedeutung des musikalischen Lernens für die Entwicklung der kindlichen Wirklichkeit unter Berücksichtigung konstruktivistischer und neurobiologischer Perspektiven.* Hildesheim: Olms.

Altenmüller, E. (2013): *Musik und das Gehirn.* URL: https://www.tk.de/tk/musik-und-gesundheit/lesereihe-musik/eckart-alten-mueller/491544, (Zugriff: 14.01.2017).

Barth-Engelbart, H. (2007): *Musik macht Kinder intelligenter und sozial kompetent.* URL: http://www.trend.infopartisan.net/trd1007/t221007.html, (Zugriff: 14.01.2017).

Bauer, B. (2004): *Physische und psychische Auswirkung von Musik auf Kinder.* URL:http://www.winds4you.at/files/ Physische_%20und_psychische_%20Auswirkung_%20von_%20Musik_%20auf_%2 0Kindern.pdf, (Zugriff 14.01.2017).

Butt, S. (2016): *Macht der Musik.*

> URL: http://www.planet-wissen.de/kultur/musik/macht_der_musik/,
> (Zugriff: 14.01.2017).

Carl Orff- Stiftung (Hrsg.) (2011): *Das Orff Schulwerk.*

> URL: http://www.orff.de/orff-schulwerk.html, (Zugriff: 21.01.2017).

Dreyer, S. (N.N): *Was ist musikalische Früherziehung?*

> URL: http://www.bildungsxperten.net/wissen/was-ist-musikalische-frueherziehung/,
> (Zugriff: 25.01.2017).

Dröger, C. (2014): *Musikalische Früherziehung: machen Töne schlau?*

> URL: http://www.zeit.de/2014/26/musik-intelligenz-kreativitaet,
> (Zugriff: 14.01.2017).

N. N. (2000): *Musik macht Kinder intelligenter uns sozial kompetenter.*

> URL: http://www.spektrum.de/news/musik-macht-kinder-intelligenter-und-sozial-
> kompetent/343950, (Zugriff: 14.01.2017).

N. N. (2015): *Musik in der Hirnforschung.*

> URL: http://www.br.de/themen/wissen/musik-forschung-hirnforschung-100.html,
(Zugriff:14.01.2017).

N. N. (2015): *Musik und Emotionen.*

> URL: http://www.br.de/themen/wissen/musik-forschung-psychologie-100.html,
> (Zugriff: 14.01.2017).

Reinschmidt, M. (2010): *Musikalische Früherziehung: Die Auswirkung musikalischer*
Früherziehung auf die Entwicklung.

> URL: http://www.allein-erziehend.net/ratgeber/musikalische-frueherziehung.html,
(Zugriff:14.01.2017).

Schiffner, W. (N.N.): *Warum mit Kindern Musik machen?*
URL: http://www.schallfeld.de/DOWNLOAD/warum.pdf, (Zugriff: 14.01.2017).

5. Anhang

*Anhang A. - **Bastian, H. G.** ([4]2007): Kinder optimal fördern - mit Musik: Intelligenz, Sozialverhalten und   gute Schulleistung durch Musikerziehung. Mainz: Schott, S. 101-102.*

Die Abbildungen wurden aus urheberrechtlichen Gründen für die Veröffentlichung entfernt und sind unter der angegebenen Quelle einsehbar.

*Anhang B. - **Bastian, H. G.** (⁴2007): Kinder optimal fördern - mit Musik: Intelligenz, Sozialverhalten und   gute Schulleistung durch Musikerziehung. Mainz: Schott, S. 103-104.*

Die Abbildungen wurden aus urheberrechtlichen Gründen für die Veröffentlichung entfernt und sind unter der angegebenen Quelle einsehbar.

Anhang C. - eigene Umfrage

Umfrage

Junge ◯   Mädchen ◯

Bitte das Zutreffende markieren/ ankreuzen!

Hast du .....

..... eine Musikschule besucht
..... ein Instrument gelernt oder tust es noch
..... verschiedene Instrumente schonmal ausprobiert
..... im Chor gesungen
..... im Orchester gespielt
..... Kinderlieder gehört
..... Kinderlieder gesungen
..... zu Liedern getanzt
..... Bewegungsspiele gemacht

Kannst du .....

..... Noten lesen
..... ein Instrument spielen
..... Kinderlieder auswendig singen
..... einfache Rhythmen nachmachen
..... einfache Melodien nachsingen
..... zu Musik frei tanzen

Wenn du Schüler/-innen aus deiner Klasse nennen müsstest, die du nicht so gerne magst, wer wäre das? Schreibe die Namen auf (mehrere Namen sind möglich).

____

____

____

Wenn du jetzt Schüler/-innen aus deiner Klasse nennen müsste, die du gerne magst, wer wäre das? Schreibe auch die Namen auf (mehrere Namen sind möglich).

____

____

____

Vielen Dank, dass du an meiner Umfrage teilgenommen hast!
Laura Matschofsky

*Anhang D. - **Jäncke, L. (2008):** Macht Musik schlau?: neue Erkenntnisse aus den Neurowissenschaften und der kognitiven Psychologie. Bern: Huber, S.285.*

Abb. 1

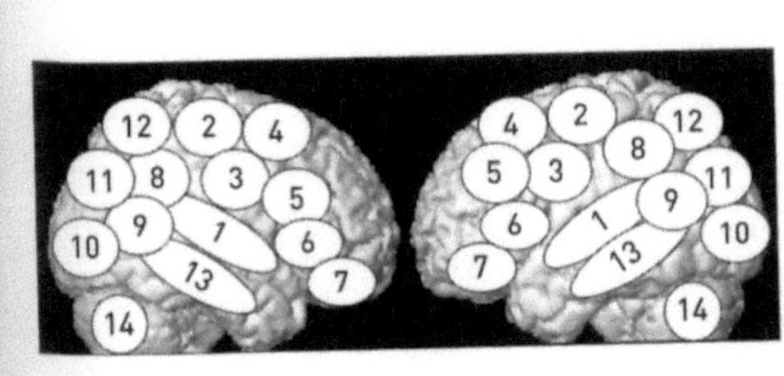

Abbildung 52: Darstellung der Hirngebiete, die an der Kontrolle des Musizierens beteiligt sind (s. auch Tab. 3).

*Anhang D. - **Jäncke, L. (2008):** Macht Musik schlau?: neue Erkenntnisse aus den Neurowissenschaften und der kognitiven Psychologie. Bern: Huber, S. 284-285.* Abb. 2

Tabelle 3: Detaillierte Darstellung der an der Wahrnehmung und Produktion von Musik beteiligten Hirnstrukturen

Nr.	Hirngebiet	Hauptfunktion
1	auditorischer Kortex [lateraler Heschl'scher Gyrus]	Tonhöhe Lautstärke
1	auditorischer Kortex [mesialer Heschl'scher Gyrus]	Tonhöhe Lautstärke
1	auditorischer Kortex [Planum temporale]	Klangfarbe Tonintervalle einfache Melodien Akkorde Rhythmen
1	auditorischer Kortex [Planum polare]	Tonhöhen auditorische Aufmerksamkeit
1	auditorischer Kortex [Gyrus temporalis superior]	komplexere Melodien rhythmische Muster
1	auditorischer Kortex [Sulcus temporalis superior]	komplexere Melodien rhythmische Muster
2	sensomotorisches Handareal [Gyrus präcentralis, M1] [Gyrus postcentralis, S1]	sensomotorische Kontrolle der Hand und Finger [Klopfen, Tappen, Musikinstrumente spielen]
3	sensomotorisches Gesichtsareal [Gyrus präcentralis, M1] [Gyrus postcentralis, S1]	sensomotorische Kontrolle des Gesichts inkl. des Mundes [Singen, Sprechen, Murmeln etc.]
4	Prämotorkortex [dorsaler Teil des Prämotorkortex]	Planung und Lernen von komplexen Handlungen [z. B. Klopfen, Musikinstrumente spielen, Tanzen]
5	Prämotorkortex [ventraler Teil des Prämotorkortex]	Planung und Lernen von komplexen Handlungen; stärker an der mentalen Simulation von Bewegungen [z. B. Klopfen, Musikinstrumente spielen, Tanzen] beteiligt
5	in der linken Hemisphäre motorisches Sprachareal nach Broca	beteiligt an der motorischen Kontrolle des Sprechens; auch Kontrolle von Grammatik, Syntax
5	unterer Teil des Frontalkortex	Aufmerksamkeit, Arbeitsgedächtnis etc. [Lernen und Erinnern von Musikstücken, Erkennen von Musikregeln, konzentriertes Spielen eines Musikinstrumentes, konzentriertes Zuhören]
6	unterer Teil des Frontalkortex	semantisches Gedächtnis [links], emotionales Gedächtnis [rechts] [Erinnern und Lernen des Zusammenhangs zwischen Musik und vielen anderen Inhalten]
7	Orbitofrontalkortex	Anbinden von Emotionen an gelernte Inhalte [Anbinden der Musik an Emotionen]
8	unterer Teil des Scheitellappens [Gyrus supramarginalis]	Ton- und Melodiegedächtnis
9	unterer Teil des Scheitellappens [Gyrus angularis]	Körpergedächtnis [wichtig beim Tanzen und Spielen von Instrumenten]
10	Extrastriäre Gebiete [visueller Kortex]	Verarbeiten und Vorstellen komplexer visueller Muster [Vorstellen von visuellen Wahrnehmungen, Lesen der Partitur]
11	dorsaler Informationsweg des visuellen Systems	Anbinden visueller Informationen an die Motorik; Raumorientierung [immer aktiv beim Betätigen von Instrumenten; auch beim Lesen der Partitur]
12	oberer Teil des Scheitellappens [Lobulus parietalis superior]	Raumorientierung, räumliche Kontrolle der Motorik [immer aktiv beim Betätigen von Instrumenten; auch beim Lesen der Partitur]
13	mittlerer Schläfenlappen [Gyrus temporalis medius]	übergeordnete Wahrnehmungen, Zusammenführen von auditorischen und visuellen Informationen, Gedächtnisspeicher etc.
14	Kleinhirn	Kontrolle automatisierter Handlungen, Wahrnehmung und Hervorbringung von Rhythmus, Zeitwahrnehmung

BEI GRIN MACHT SICH IHR WISSEN BEZAHLT

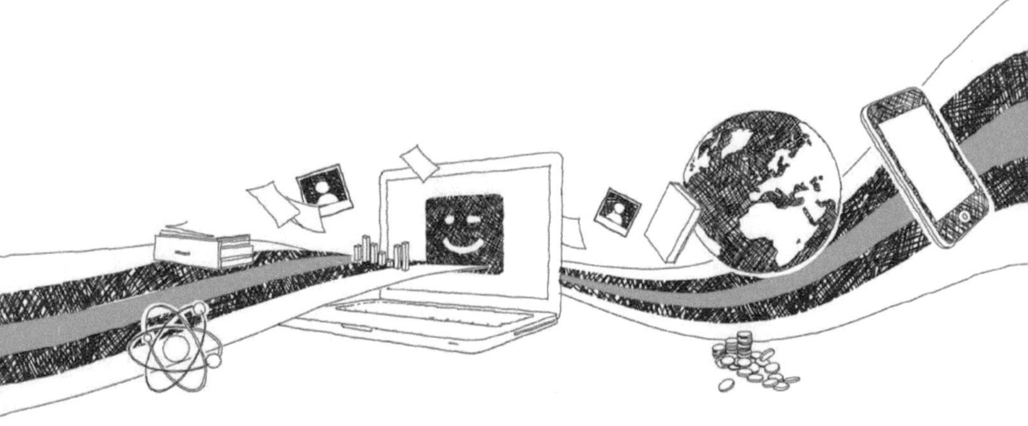

- Wir veröffentlichen Ihre Hausarbeit, Bachelor- und Masterarbeit

- Ihr eigenes eBook und Buch - weltweit in allen wichtigen Shops

- Verdienen Sie an jedem Verkauf

Jetzt bei www.GRIN.com hochladen und kostenlos publizieren

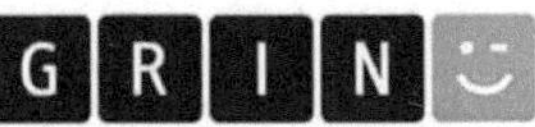